LE SYNDICAT

DES

RECEVEURS GÉNÉRAUX.

IMPRIME CHEZ PAUL RENOUARD,

RUE GARENCIÈRE, N° 5, F. S.-G.

LE SYNDICAT

DES

RECEVEURS GÉNÉRAUX.

COURTES OBSERVATIONS

SUR LA SITUATION DU CRÉDIT EN FRANCE,

PAR SUITE DES OPÉRATIONS DU DERNIER MINISTRE DES FINANCES;

PAR M* D***.**

PARIS.

L'HUILLIER, LIBRAIRE-ÉDITEUR,

RUE HAUTEFEUILLE, N° 20.

MDCCCXXVIII.

LE SYNDICAT

DES

RECEVEURS GÉNÉRAUX.

Notre crédit est florissant, notre situa-tion est prospère, disait tous les jours la *Gazette de France* avant le 3 janvier dernier; et le *Moniteur*, perroquet officiel de la feuille semi-officielle, de répéter : *Notre crédit est florissant, notre situation est prospère*. La *Gazette* reproduit encore de temps en temps sa phrase favorite, comme pour obéir à une ancienne habitude, ou plutôt, parce que ses défunts patrons, ayant payé d'avance le trimestre de subvention, elle croit en conscience leur devoir jusqu'au dernier grain de leur provision d'encens.

Notre crédit est florissant, notre situation est prospère, parce que le 5 pour o₁o est à 1o3 fr., et le 3 pour o₁o à 69 fr.; ainsi donc, peu importe que le commerce languisse, que les ateliers se ferment, que nos manufactures, encombrées de produits, manquent de débouchés, que nos ouvriers soient sans pain ; *notre crédit est florissant, notre situation est prospère,* puisque le 5 pour o₁o est à 1o3 fr., et le 3 pour o₁o à 69 : puissamment raisonné.

Disons en passant, à ces habiles économistes, à ces financiers éclairés , s'ils ne le savent déjà et s'ils ne mentent pas à leur conscience, que la hausse des fonds publics est aussi souvent la preuve de la pénurie que l'indice de la prospérité. Dans un temps calme, quand la confiance est bien établie, le taux des fonds publics s'élève, parce que les capitaux étrangers viennent chercher un emploi sur nos places. Dans un temps d'orage, quand les actes de l'administration repoussent la confiance, si le pouvoir a un grand intérêt à masquer ses mauvais desseins, il prodigue les trésors de l'état pour aider à l'agiotage ; les capitaux, ensuite, rendus inactifs par la cessation des entreprises commerciales et industrielles, refluent sur les fonds publics et en augmentent le prix. Ces deux dernières causes se combinent en ce moment, ou plutôt se sont combinées sous l'ancien ministère.

Si cependant un ministre sage détruisait insensiblement et avec précaution, de peur d'écroulement subit, l'échafaudage fragile sur lequel M. de Villèle a grimpé son fantôme de crédit; si, repoussant les moyens factices employés par son prédécesseur, M. Roy abandonnait les fonds publics à leur cours naturel, la rente baisserait nécessairement. Si ensuite ce ministre commandait la confiance publique par ses actes; si les capitaux, qu'une juste défiance a éloignés, rentraient dans la circulation, se répandaient dans tout le corps social, si l'industrie se ranimait, si les ouvriers n'étaient plus réduits à implorer la charité publique, alors le ministre pourrait dire, et la France répéter après lui : *notre crédit est florissant, notre situation est prospère*; et cependant les 5 pour 0/0 ne dépasseraient pas 100 fr., et le 3 pour 0/0 serait à 60 fr. et même au-dessous. La France ne comprendrait donc pas son crédit et sa situation, comme M. de Villèle, et son organe, la *Gazette*. Qui donc a raison, de M. de Villèle ou de la France ? C'est ce que je vais examiner.

Je viens de nommer M. de Villèle, et peut-être on me suppose déjà l'intention peu généreuse d'attaquer, dans l'intérêt seul du scandale, un ministre tombé. Loin de moi une pareille pensée, je n'ai jamais flatté le pouvoir debout, je ne le frapperai pas quand il est pour ainsi dire sans défense. Je n'ai connu M. de Villèle que par ses actes; son avènement au pouvoir avait fait naître en moi des espérances qui ont été cruellement déçues. J'avais jugé les intentions de ce ministre bonnes; je vais plus loin, je crois encore qu'elles étaient telles. Mais il voulait rester ministre, et il a tout sacrifié pour atteindre ce but. Dominé par la faction qui disposait des porte-feuilles comme des moindres emplois, il lui a tout offert en holocauste, même les plans qu'il avait conçus pour le bonheur de l'état. Un ministre, il me semble, doit être avant tout honnête homme ; un honnête homme ne transige jamais avec sa conscience. A l'instant où M. de Villèle s'est vu débordé, je crois qu'il eût dû suivre l'exemple de deux ministres honnêtes gens, le maréchal Gouvion St.-Cyr et le général Dessoles, qui se sont retirés à l'instant où des intrigues coupables les ont mis dans l'impossibilité de faire le bien qu'ils

avaient préparé. **M.** de Villèle ne s'est pas re-
tiré, mais il est tombé sous les coups de l'o-
pinion qu'il ne méprisait pas, et qu'il affec-
tait de mépriser. Les respects de la France
ont suivi MM. Gouvion St.-Cyr et Dessoles
dans leur retraite; l'exécration publique accom-
pagne M. de Villèle dans sa fuite. Toutefois,
si je viens aujourd'hui présenter des observa-
tions sur un des actes capitaux de l'administration de l'ex-ministre, ce n'est pas pour enveni-
mer la haine dont il est l'objet, c'est parce que
le danger que cet acte a fait naître est encore
imminent; c'est parce que la prospérité factice, à l'aide de laquelle M. de Villèle espé-
rait dissimuler ses fautes, cache un danger dont
la plus extrême prudence peut seule nous détourner.

La hausse et la baisse des fonds publics
sont produites par une combinaison de causes
morales et physiques. De la confiance naît
l'abondance des capitaux. L'abondance des

capitaux amène la hausse des fonds publics. La défiance fait retirer les capitaux , la disette des capitaux produit la baisse des fonds. L'abondance des capitaux, résultat de la confiance , est une abondance réelle ; produite par d'autres causes, elle est factice. L'abondance des capitaux, quand elle est réelle, n'influe pas seulement sur les fonds publics, elle se répand partout, elle vivifie tout autour d'elle. Si l'abondance est factice, elle ne se fait sentir que sur le point vers lequel on la dirige. Dans ce cas, elle produit une hausse momentanée ; elle la soutient des jours, des mois, des années même ; mais cette hausse est aussi factice que la cause dont elle provient : elle couvre un abîme et prépare d'épouvantables catastrophes. Vouloir contester de tels principes ce serait vouloir contester l'évidence.

Prétendre persuader à une nation intelligente que les destinées d'un royaume peuvent être tracées dans le carnet d'un agent de change, et que tout s'écroulant, s'il est possible d'écrire audit carnet, 5,000 liv. de rentes 5 pour 0/0 ont été vendues au cours de 103 fr.; et 3,000 l. de rentes 3 pour 0/0 ont été livrées au cours de 69, tout est pour le mieux dans le meilleur des mondes, c'est faire preuve d'une grande ignorance, c'est compter un peu trop sur la crédulité et l'insouciance. C'est cependant ce qu'a fait M. de Villèle qui, sans être un homme de génie, n'est pas dépourvu de quelque esprit à défaut de sens commun. Pendant les six années de son administration, il a toujours fait la même réponse à toutes les plaintes. Lui disait-on : le commerce et l'industrie languissent ? de quoi vous plaignez-vous, s'écriait-il, la rente a dépassé le pair. Lui reprochait-on d'avoir, par des actes coupables, éteint la confiance ? c'est vous, répondait-il, qui voulez, à l'aide de déclamations, tuer cette confiance ; la France ne vous croit pas, elle est riche et heureuse, puisque la rente est à 102 fr. Se plaignait-on de l'administration, qu'on montrait réprouvée de la nation entière ? rien n'est plus faux, disait-il, la rente est à 103 fr. Enfin, le mot fatal de *déficit* se faisait-il entendre, les produits indirects de tout genre diminuaient-ils sensiblement ? M. de Villèle impassible ne cessait de répéter : la France ne craint rien, elle n'a rien à craindre, puisque la rente est montée jusqu'à 104 fr. C'est ainsi qu'il répondait à tout. Si l'ex-ministre pensait réellement ce qu'il paraissait penser, il faut lui pardonner tout le mal qu'il a fait ; il est fou, et sa monomanie est bien visible ; mais s'il ne pensait pas ainsi, et s'il parlait contrairement à une opinion, que pour l'honneur de son intelligence je veux bien lui supposer, s'il ne croyait pas à la prospérité qu'il proclamait avec tant de complaisance, s'il ne se servait du tableau fantastique de cette prétendue prospérité que pour masquer ses mauvais desseins, c'est un méchant homme, c'est un traître à son roi et à son pays.

Les fonds publics, sous le ministère de M. de Villèle, ont éprouvé une hausse considérable, on ne peut le nier; mais cette hausse est-elle réelle ou factice, ou plutôt, est-elle produite par une abondance réelle ou factice de capitaux? Telle est la question à résoudre. Si l'abondance est réelle, elle doit s'être fait sentir partout. Or a-t-elle produit un pareil effet? Nos manufactures prospèrent-elles? Notre commerce est-il florissant? Nos ouvriers sont-ils dans l'aisance? Non, sans doute, les fonds publics seuls sont à une hauteur prodigieuse. L'abondance est donc factice, puisqu'elle n'influe que sur le point vers lequel elle est dirigée. Voyons maintenant comment cette abondance factice a été créée. Arrivons au syndicat, tout en examinant ce qui l'a précédé et ce qui l'a rendu nécessaire à l'accomplissement des vues bien manifestes du ministre.

Bien peu de temps après l'avènement de la dernière administration au pouvoir, ses actes repoussèrent la confiance, le manque de confiance devait amener et amena en effet la disette des capitaux. Si les choses eussent suivi leur cours naturel, le prix des fonds publics eût baissé en raison de la diminution de la confiance. La disette de capitaux se fit aussi sentir dans l'industrie, le commerce et l'agriculture; mais l'industriel, le négociant, le propriétaire ne se plaignent pas tout haut, on peut dissimuler leurs doléances; le taux des fonds, au contraire, est publié tous les jours. Si le manque de confiance avait eu son effet, la baisse rapide, devenue inévitable, aurait mis au grand jour tout ce qu'on avait intérêt à cacher. Il fallait éviter une pareille accusation, tromper la religion du roi; il fallait se précautionner d'une réponse plausible à ce qu'on appelait des déclamations. M. de Villèle, après avoir tout employé, tout usé, mit en œuvre le syndicat des receveurs généraux. Je n'ai pas voulu dire *inventa*, et j'aurais pu me servir de cette expression, car, si M. de Villèle n'a pas inventé le syndicat, dans le sens matériel du mot, la largeur du plan sur lequel il l'a conçu en a fait une création toute nouvelle.

Nous avons eu des syndicats de receveurs généraux en 1806 ou 1807, et sous le ministère de M. le comte Corvetto. A ces deux époques, le gouvernement, n'ayant pas assez de crédit pour se procurer l'argent nécessaire aux services, appela à son secours plusieurs riches receveurs généraux qui, à l'aide de la confiance qu'ils inspiraient, et au moyen d'une faible remise, lui firent obtenir les sommes dont il avait besoin. Le premier syndicat se renferma strictement dans le cercle d'opérations qui lui était tracé. Plus tard, le gouvernement eut encore recours aux receveurs généraux ; ce fut de 1812 à 1816; il fit contracter par chacun de ces fonctionnaires au commencement des exercices, des obligations à diverses échéances de sommes égales à la quotité de leurs recettes. Ces obligations étaient négociées par le trésor, et lui permettaient d'anticiper sur ses ressources. M. le baron Louis abandonna ce système, sur l'observation qui lui fut faite que, si on employait le crédit des receveurs généraux avant d'avoir fondé le propre crédit de l'état, on les mettrait incessamment dans l'impossibilité de rendre aucun service, en diminuant la confiance dont ils ont besoin.

, Le second syndicat fut créé par M. le comte Corvetto. C'est à l'époque à laquelle fut contracté l'un de nos plus onéreux emprunts. L'état fut obligé de contracter à raison de 9 pour o/o d'intérêt. Ce syndicat fort bien composé,t pe ndant quelque temps très utile. Son influence eût certainement consolidé le crédit de la France, si le ministre, par un amour-propre puéril, n'eût voulu forcer la

2

confiance qu'une bonne administration était suffisante pour établir, et n'eût donné l'exemple fatal que M. de Villèle a suivi. M. le comte Corvetto n'est plus, je respecterai sa mémoire; je ne qualifierai pas, comme je le devrais, les actes auxquels le syndicat s'est livré par son ordre. Quoi qu'il en soit, après une affreuse catastrophe qui bouleversa la place de Paris, après des pertes immenses, ce second syndicat fut dissous. On devait espérer qu'un essai si malheureux serait le dernier, mais on avait compté sans M. de Villèle.

Pendant les premiers mois de l'administration qui vient de s'écrouler, les fonds publics s'améliorèrent sensiblement, une hausse naturelle vint signaler la confiance de la nation; mais cette confiance, comme je l'ai dit, devait fuir bientôt devant les actes du ministère. Éclairés sur l'existence d'un faction occulte qui dominait le pouvoir, les capitalistes conçurent bientôt des craintes; peu-à-peu la disette d'argent se fit sentir. Le ministre essaya d'abord, avec l'aide d'un banquier étranger, auquel on ouvrit toutes les caisses de l'état, de conjurer l'orage. Ce moyen lui réussit, et il se crut assez fort pour frapper un grand coup, la loi du 3 pour o/o fut présentée.

Ce projet a donné lieu à de vives discussions, je dirai franchement que j'étais et que je suis encore partisan de la réduction; c'était un projet bon en lui-même, mais les moyens d'exécution ont été on ne peut plus mal choisis. Toute discussion sur cette matière me semblé devoir être réduite à deux points; 1° la moyenne des produits en France, est-elle moins de 4 pour o/o? 2° un gouvernement doit-il, pour le bien du commerce, de l'industrie et de l'agriculture, offrir un intérêt plus faible que cette moyenne des produits? Je laisse de côté, comme on voit, la question de la légalité du remboursement, sur laquelle je ne conçois pas que les opinions aient pu être partagées. Sur le premier point posé, mes calculs m'ont permis de me prononcer pour

l'affirmative. Sur le second il me semble qu'aucun doute ne peut s'élever. Suivant moi donc,
le projet de réduction était une bonne idée,
mais il fallait le présenter seul, dégagé de toute
question politique, et surtout ne pas l'accoler
à un autre projet, nécessaire, peut-être, mais
qui devait trouver une meilleure place. Il fallait enfin pouvoir s'appuyer sur la confiance
bien établie, et non sur une abondance factice, résultat de la fraude et de la déception.
Or, puisque la confiance n'existait pas,
le ministre se donnait une nouvelle charge,
il lui fallait recourir à de nouvelles ressources.

Je ne dirai rien des moyens honteux employés pour forcer les fonctionnaires publics
à convertir leurs rentes 5 pour 0/0 en 3 pour
0/0. Cette nouvelle rente, émise à un taux
nominal hors deproportion a ec le cours du
5 pour 0/0, ne put jamais, non-seulement le
dépasser, mais encore s'y maintenir. Que
serait-il arrivé si elle eût dû subir l'in-

fluence naturelle de la confiance. Tout fut employé pour la soutenir. Des sommes énormes furent prêtées au banquier Rothschild par la caisse des dépôts et consignations et par le trésor. Ces sommes furent toutes employées à agioter sur la place avec une adresse admirable. Les dépêches télégraphiques, les courriers extraordinaires, tout fut mis en usage. Enfin, le ministre ne craignit pas de trahir en faveur de l'objet de sa prédilection, une obligation sacrée, il priva le 5 pour 0/0 du bénéfice de l'amortissement, véritable hypothèque des sommes confiées à l'état, pour reporter la dotation tout entière sur le 3 pour 0/0; il fit par là éprouver au trésor une perte positive de 450 à 500,000 fr. *de rente,* soit 8 à 10 millions de francs par année.

Ce crime, car c'en est un, fut dans les deux Chambres l'objet des plus vives accusations consre le ministre des finances : il se défendit par des raisons qu'une majorité telle que celle de 1824 pouvait seule trouver bonnes.)

Toutes ces menées scandaleuses influaient terriblement sur le peu de confiance qui restait encore ; les capitaux se retiraient de plus en plus ; en désespoir de cause, M. de Villèle enfanta le syndicat, et l'établit sur des bases bien autrement larges que ne l'avait fait M. le comte Corvetto. Tous les receveurs généraux furent invités à se former en société commerciale, avec une mise de fonds proportionnée aux facultés ou au crédit de chacun.

Il est bon de dire ici que, lorsque M. le baron Louis crut devoir renoncer aux obligations des receveurs généraux, un autre usage s'était établi. Les receveurs généraux déposaient au trésor, par anticipation et à valoir sur leurs versemens mensuels, des sommes plus ou moins considérables, suivant le crédit qu'ils pouvaient avoir dans leurs départemens ; une espèce d'émulation avait fait monter ce dépôt, dont le trésor payait 4 pour 0/0 d'intérêt, à environ 28 ou 30 millions. C'était un véritable abus : les perceptions sont en France assez régulièrement établies, les ressources sont assez positives pour que le trésor n'ait pas besoin d'avance, et cet intérêt de 4 pour o/o sur 3o millions était une charge inutile et onéreuse. M. de Villèle eut la sage pensée de rendre les avancés aux rece-veurs généraux, mais il ne l'eut qu'au moment de la création du syndicat, et il ne les leur rendit qu'à la condition de les employer en opérations sur les fonds publics.

Le plus grand nombre des receveurs géné-raux entra dans la société, dont le capital s'éleva bientôt à une somme énorme. Cependant tous les receveurs généraux ne sont pas riches de leur fortune particulière : en possession de places lucratives, investis de la confiance du gouvernement, ils commandent celle des par-ticuliers, ils jouissent d'un grand crédit, et ont à leur disposition presque tous les capitaux inactifs des départemens. Ce n'est donc pas seulement leur fortune, mais aussi celle des particuliers, que le désir de flatter la passion

favorite et les projets du ministre, les enga-
geait à risquer dans de chanceuses opérations.

Voyons maintenant par quel moyen le syndicat agissait sur le crédit, et comment il créait
cette abondance factice si utile à M. de Villèle?

L'abondance ou la disette des capitaux est
signalée sur la place par le prix bas ou élevé
des reports. Les reports sont une sorte d'opération de bourse; c'est un prêt sur dépôt de
rentes. Un individu, par exemple, achète
une somme de rentes payable à une époque
déterminée. Le terme arrive, il ne peut payer
le prix, et espère regagner la différence : sous
la garantie d'un agent de change et avec l'en-
gagement de livrer au besoin la rente, un capitaliste, moyennant un intérêt quelconque,
consent à reporter le paiement à la fin du
mois suivant. Si la confiance est bien établie,
les capitalistes ne craignent pas de risquer
leurs fonds, ils les prêtent à un intérêt mo-
déré. Si au contraire la confiance manque,
les capitalistes retirent leur argent, ou ne le

prêtent qu'à un intérêt très élevé. De là, la hausse ou la baisse des fonds publics; car si on ne trouve pas à reporter ses rentes, ou si on ne trouve des capitaux qu'à un taux exorbitant, il faut vendre, et vendre à tout prix. L'opération dans un sens contraire s'explique par la combinaison inverse.

A l'époque de la création du syndicat, la confiance manquait, les capitaux s'étaient retirés, par conséquent, les reports étaient à très haut prix. Les fonds publics allaient infailliblement éprouver une baisse considérable. Il fallut donc créer ce que la défiance avait détruit; c'est-à-dire, jeter sur la place une masse de capitaux, pour remplacer ceux que les capitalistes ne voulaient plus risquer; c'est ce que fit le syndicat. Il apporta ses millions sur la place et soutint, éleva même le prix des fonds, en fournissant abondamment et à bas prix aux besoins. C'est ce qu'on avait fait, mais bien moins en grand, sous le ministère de M. Corvetto.

Les reports paraissent, au premier coup-d'œil, une opération innocente, et sans danger; mais il faut tout prévoir, surtout quand on a l'expérience pour soi. Qu'est-il arrivé sous le ministère de M. Corvetto? Le syndicat avait fait des reports, il s'était borné à ce genre d'opération, il avait créé une abondance factice; mais s'il est vrai de dire que l'argent amène l'argent, si l'abondance des capitaux attire les capitaux, il n'est pas moins vrai d'affirmer que cette attraction est insuffisante quand la confiance ne suit pas, ne vient pas à son aide. A l'instant où le capitaliste s'aperçoit que l'abondance n'est qu'apparente, aussitôt qu'il voit le dessous des cartes, il se garde bien de risquer ses fonds; il abandonne les joueurs à eux-mêmes. C'est ce qui est arrivé sous M. Corvetto. Un évènement amena une forte baisse, le syndicat était gorgé des rentes sur lesquelles il avait prêté son argent; on ne vint pas les dégager, il fallut les vendre; on avait, il est vrai, la garantie des agens de change , mais la place était bouleversée , plusieurs agens de change dûrent se retirer, et le syndicat eut à essuyer des pertes énormes.

Peut-on dire aujourd'hui que l'horizon soit assez calme , pour qu'un pareil évènement ne puisse se reproduire? Supposons une guerre, et on conviendra que cette supposition n'est pas absolument improbable, nous avons beaucoup de rentes entre les mains des étrangers, les étrangers sont faciles à alarmer, ils viendront les jeter sur la place. Nos fonds publics ont été portés, par les manœuvres de M. de Villèle, aidé du syndicat et du banquier Rotschild, et par la cessation de toute opération commerciale ou industrielle , bien au-delà de leur valeur réelle. La chute sera affreuse. Le syndicat actuel est bien plus gorgé que ne l'a jamais été celui de M. Corvetto. Il ne s'est pas borné aux reports ; il a acheté pour son compte des sommes énormes de rente. Comment s'en tirera-t-il ? Cette pensée est terrible, l'œil le plus exercé aperçoit à peine le fond de l'abîme. La place, les agens de change pourront-ils résister?

Le syndicat de M. Corvetto était riche; il pouvait supporter une perte, sa fortune seule était engagée : le syndicat de M. de Villèle moins positivement riche, quoique plus nombreux, a engagé dans ses opérations colossales des fortunes particulières. Supposons un évènement analogue, une crise financière, comme celle que nous avons éprouvée depuis dix ans, qu'arrivera-t-il? Ce que nous avons vu sous M. Corvetto ; mais la secousse sera bien plus terrible ; le syndicat Corvetto a produit l'ébranlement, le syndicat Villèle ouvrira le cratère du volcan, et si la guerre survient, si une diminution dans quelques-unes de nos recettes, si des services nouveaux obligent le gouvernement à proposer un emprunt, à quel taux sera-il contracté? Voilà cependant sur quel abîme M. de Villèle nous a placés. Telle est la tempête que ce ministre a légué à son successeur; toute la prudence de **M. Roy** sera-t-elle suffisante pour la détourner?

Et ce sont des receveurs généraux, des fonctionnaires, sur lesquels il ne doit pas même s'élever un doute, que **M.** de Villèle, véritable ministre secrétaire d'état de l'agiotage, a entraînés dans un pareil dédale. Et il ne craignait pas de répondre à tous les reproches qui lui étaient adressés sur cette monstrueuse association : *Je ne puis m'y opposer, c'est une société commerciale, les receveurs généraux ne jouent pas, ils font des reports.* **M.** de Villèle osait le dire , et il ne savait pas que le syndicat ne se contentait pas de faire des reports, mais qu'il se livrait à toutes les opérations de bourse; il ne savait pas, d'ailleurs, qu'il n'y a entre les reports et les opérations à terme d'un autre genre , que la différence qui existe entre des jeux qui présentent des chances plus ou moins favorabls , entre le biribi et le trente et quarante, par exemple. Quelle confiance veut-il que ces fonctionnaires inspirent aujourd'hui ? Celle , sans doute, que le commerce accorderait à un négociant surpris dans une maison de jeu.

Que fera-t-on maintenant ? Le syndicat soutient encore le taux des fonds publics, cette élévation lui est nécessaire pour se débarrasser des rentes qu'il a en porte-feuille. Heureusement la marche de la nouvelle administration , quelquue peu assrée qu'elle soit, le sert dans ce projet ; mais il ne peut agir que lentement : et croit-il pouvoir lutter long-temps,sans risquer beaucoup. Pour plaire à l'agence de l'agiotage créée par M. de Villèle , le ministère ne peut sacrifier les intérêts généraux de la France; il doit protéger l'industrie , le commerce et l'agriculture. S'il accomplit ce devoir, les capitaux reprendront leur niveau naturel; ils se partageront entre les fonds publics et l'industrie. Il faut plus de temps qu'on ne pense pour rassurer les étrangers. Les fonds sont trop élevés, il faut, de nécessité absolue, qu'ils baissent; il le faut dans l'intérêt, même, bien entendu du pays pour lequel cette hausse prodigieuse est une véritable calamité. En supposant ce qui doit naturellement arriver dans l'absence de tout évènement politique étranger ou intérieur, le syndicat est-il en mesure de résister, ou faudra-t-il que l'esprit de M. de Villèle, survivant à sa chute vienne le protéger en lui sacrifiant nos plus chers intérêts. Cette idée, je l'avoue, m'inspire de sérieuses craintes, puissé-je me tromper! puisse la réaction se faire sans secousse. Pour en répondre, il faudrait plus que la puissance de l'homme. Il faudrait pouvoir commander aux évènemens. Puissent du moins les fortunes particulières être assez tôt à l'abri!

Une autre question se présente; le syndicat doit-il subsister encore? Non : il doit tomber avec l'administration qui l'a enfanté; le nouveau ministère doit à son honneur, à sa probité, de ne pas tolérer plus long-temps une pareille fraude, une pareille immoralité. On ne peut, il est vrai, dissoudre le syndicat comme société commerciale, mais on peut et on doit inviter M. Bricogne et compagnie à retourner où leurs fonctions les appellent.

En finissant je répéterai ce que j'ai déjà dit : Que les nouveaux ministres s'attachent à mériter la confiance publique par leurs actes ; une abondance réelle ne tardera pas à remplacer l'abondance du syndicat. Les fonds publics ne seront pas aussi élevés, mais les capitaux se répandront partout, et les ministres pourront s'applaudir d'avoir coopéré au salut de la France menacée. Ils diront alors, et la France répétera après eux, avec plus de raison cette fois que M. de Villèle et la *Gazette : Notre crédit est florissant, notre situation est prospère.*

FIN.